평일의 상담소

천융희 시집

현대시에서 펴낸 천융희의 시집

스윙바이 (현대시 기획선 23, 2019)

시인의 말

내 안 모서리를 헤집으며 오늘도 어김없이 뒤척이는

끝없이 時詩덕거리는

시여,

등짝을 후려쳐서라도 할 말은 하게 하라

2025년 겨울

천융희

차 례

● 시인의 말

제1부

침묵은 또다시 당신을 소환하는 내 마지막 보루

베이스Bass ——— 10
독심술 ——— 12
평일의 상담소 ——— 14
여기서 말한 건 여기서 ——— 16
유기당하는 방들 ——— 18
뇌피셜 — 엔진의 잔열에 대한 보고서 ——— 20
함구증 — 팬데믹 ——— 22
횡단보도 ——— 24
딥슬립 ——— 26
쇼그렌 증후군 ——— 28
빈집의 수식어 ——— 30
회전문 ——— 32
아파트·아파트 ——— 34
인턴 ——— 35

제2부

경로를 이탈한 한 줄기 슬픔이 번개처럼 다녀갔다

독주 —— 38

불화설 —— 40

피의 유전자 —— 42

원룸 —— 44

낙인 ― 함안 '무진정'에 부는 바람 —— 45

폭우 —— 46

미리 슬픔을 익히려고 —— 48

목숨의 序 —— 50

당신은 정면으로 웃습니다 —— 52

미치고 싶은데 끝내 미쳐지지 않는 —— 55

생일 —— 56

제한구역 —— 58

후략 —— 59

질주의 가계도 —— 60

제3부

바람의 지느러미를 타고 아무도 깨지 않은 새벽을 택하겠다

시청자 —— 62

방파제 —— 64

달 세뇨 —— 66

사소한 희비극 —— 68

띠밭늘 —— 69

생존자 —— 70

지금의 기분을 묻는 건 —— 72

하품 —— 74

안개의 파열음 —— 76

단속카메라 —— 78

농담처럼 —— 80

스윙 댄스 —— 82

먼 먼 —— 84

숨 —— 86

제4부

세상은 친숙하나 저항할 수 없는 고독이란 게

우리를 슬프게 할 뿐이오

에지 워크Edge Walk ──── 88

저녁의 매듭 ──── 90

택배 총서 ──── 92

사각지대 ──── 93

공동체 ──── 94

백색왜성 ──── 96

바쁘시죠, 바쁘실 텐데 ──── 98

수상한 가족사 ──── 100

방관자들 ──── 102

나비의 활공법 ──── 104

선팅 ──── 106

기상 캐스터 ──── 108

생물 ──── 110

논개 바위에 대한 소묘 ──── 111

▨ 천융희의 시세계 | 오민석 ──── 114

제1부
침묵은 또다시 당신을 소환하는 내 마지막 보루

베이스 Bass

당신은 음표 없는 악보 수집가

고요한 심장을 바닥에 깔고
어스름 저녁이면 검게 엎드린 밤의 구석으로
허밍처럼 사라지는 사람

찾지 않으면 영원히 찾을 수 없어
속내를 알 수 없는

가령 아래 덧줄과 덧칸을 서성이는 고음불가다

술잔을 채운 달빛과
바닥이 드러나 본 적 없는 허공만이
당신의 유일한 연민

비몽사몽 뒹굴다
불협화음으로 발성되는 낮은음자리표
잠결에 벗겨진 불콰한 가면의 다중인격이다

동월의 수의 같은 바람이 불어오면
여전히 당신은 전생을 움켜쥔 되돌이표

기억의 태엽이 바투 암호화될 때

어쩌자고 나는
잠정적 아버지를 닮아가려 하는가

독심술

쿨럭,
기침이 났지만 참는다
부질없는 기약에 반응하는 전조현상이다

무심히 담장을 타오르는 나는
하릴없이 붉은 장미
마치 복화술처럼
잔뜩 할 말이 많은 표정이다

물끄러미
거울 앞에서 눈이 마주쳤지만
매번 당신은
연작의 결말을 쥐고 있고
신속하게 뒤덮인 담벼락을 닮았다

넝쿨을 뻗어 당신을 투시하면
목소리를 가져본 적 없는
침묵이 겨냥되고

침묵은 또다시 당신을 소환하는 내 마지막 보루

비교적 변수가 적은 당신은 들키는 법이 없다

미완의 말에서 자꾸만 기침이 난다

결국 우리는
매번 단편으로 이어지는 연작

오늘의 배웅도 일정한 곳까지만

쿨럭,
기침이 났지만

평일의 상담소

주중의 교회는 한산하고
대기실 문은 예상외로 쉽게 열린다

심층 면담에
지나친 고민은 금물

어떤 화술로도 조율되지 않을 땐
진단보다 침묵이 최상의 처방이다

애초 신의 바깥은 없다

밀봉된 마음이
위기의 계단을 오를 때마다
끝내 감출 수 없는 기색이
우리를 신의 속성 가운데로 몰아넣는다

더러 오류로 돌아오는 응답에

두 팔을 흔들며

이만,

안녕히 사세요

여기서 말한 건 여기서

여기서, 끝인 거 알지?

그들은 틈만 나면 은밀한 족속을 형성한다

혀의 돌기를 휘감아
이 바닥의 생존법을 터득하고
발언의 각을 세공한다

흩어졌다 뜬금없이 뭉치며
상대의 뒷면을 정확히 공략한다

한동안 배설하지 못한 입담을
질주하듯 쏟아내면
밀착된 비밀은 재편집이 가능하다

소리 없이 뭉치고
기약도 없이 흩어지며
결말도 없이

아주 오랜만에 만난 사람처럼

금방 또 볼 것처럼

여기서 한 말은
여기서 끝인 거, 알지?

유기당하는 방들

예고도 없이 초대된 그룹 입력창에 일면식 없는 이름들이 열거된다

뜬금없이 정렬된 얼굴들

각자 보안을 유지하느라 거리 두기에 힘쓸 때 아랑곳없이 수신되는 낯선 링크들

건조함을 견디다 못한 몇은 소리 없이 나가고 연이어 몇은 재소환되어 변명할 겨를도 없이 편집된다

실시간 정보를 유기당하는 방들

우리는 각자 간편 모드를 선호하며 분리된 삶의 목록을 도모하느라 조용히 삶을 탕진하고 있는지도 모른다

한동안 소리를 억누른다

관리자의 소홀한 틈을 기웃거리며 타이밍을 엿보는 중이다

조용하게

나가기

뇌피셜
― 엔진의 잔열에 대한 보고서

멈춤에도 관성이 있다

식지 않는 생각의 엔진이 밤을 굴린다

K의 눈동자
해결 방안을 모색하느라
열기를 삭이지 못한 채
갸르릉거린다

움켜쥔 핸들이
불운의 함정을 향해
엑셀을 밟을 때
관찰자 시점만 있을 뿐

엉겨 붙은 일촉즉발

모든 추측은 밤의 언어로 연결된다

현장을 표명하는 밤이다

모호해지는
K의 공식 입장에 대해서는
섣불리 어필하지 못한 채

알 듯 모를 듯 누설에 그친다

함구증
— 팬데믹

잔 가지가 출입에 방해된다는 이유로
아파트 관리원은
주저 없이 절단기에 시동을 걸었다

새 한 마리
바람 한 점 앉을 자리도 남겨두지 않은 채
몸통만 붙든 목련 한 그루

하늘엔 비행기조차 드물게 날았고
아무도 개입하지 않았으며
봄은 그렇게 오고 있었다

방호복을 입은 사람들이
트렁크에서 빈 관을 꺼내
서슴없이 아파트 안으로 들어갔다

출입 통제선이 펄럭였으며
사람들은 마스크로 얼굴을 가린 채 함구했다

무지의 장벽은 날로 두터워지고
할 수 있는 일은 점점 줄어들었으며

두려움조차 점차 희미해지고
오직 역대 최다라는 숫자만이
결핍과 사투 중임을 증명하고 있었다

모든 것이 급성으로 확장될 때
통증처럼
꽃눈이 트고 있었다

횡단보도

완공 계획이 무산된 채
방치된 건물 앞
건널목엔 바람만 술렁거린다

지면의 층계를 들추면
남발된 감정들 사이로 스미는 허기

부식된 벽에 발을 뻗댄 넝쿨이
낮은 창에 턱을 괴고
변화무쌍한 시절을 읽고 있다

쇠락의 원인은
굳이 추정하지 않아도
파이프 녹슨 혀끝에
단문처럼 슬픔의 꼬리가 매달린다

겨우 지탱할 만큼만 힘을 내 보는

묘사도 진술도 서열을 갖추지 못하는

일련의 목격담만 고스란히 늘어놓은

그러니까 나는
행간에서조차 역주행하는 회의주의자

딥슬립

가속페달을 밟았다

시도 때도 없이 퍼붓는 졸음은
폭력을 가담한 도로의 타성

브레이크와 엑셀이 헷갈린다
온몸을 무차별 공격해도
걷잡을 수 없다

튕겨 나가거나 스며들거나
어쩌면 도로에서 끝장날 수도 있다
이것은 불면의 함정

끝없이 몰려온다
섣부른 이별을 피해 돌진한 휴게소에서
재차 쪽잠에 시동을 걸고
夢

한 달여 비워둔 시골 마당엔

벌 나비 떼를 부르는 붉은 목젖의 꽃들이
뜨겁게 달아오르고 있다

빈 화분 곁
졸음에 겨워 늘어진 고양이는
비몽사몽 꿈쩍하지 않는다

어른거리는 표적에 초점을 맞추느라
세로형 동공에 햇살을 채집하며
夢

모든 사물이 조문객으로 느껴질 때까지
夢

쇼그렌 증후군

점점 단단해지기로 결의한 듯

몸의 물기를 죄 다 가두고
돋은 가시는
세상을 향해 할 말이 많았다

입과 눈
그 복잡한 구조가
언제부터 타들어 갔을까

그녀의 의무 기록을 본다
판독 사이로
사구를 오르는 뒷모습이 비치고
마른 눈물의 온도는 예측할 수 없다

시간에 연루된 옆구리로
만성 염증이 매달릴 때
모래 물결만이 그녀를 변호한다

갈라 터진 혓바닥 위로

단전에서 끌어 올린 생의 항변을

끝없이 뱉어내는 그녀

돌아앉은 등 뒤로

무수한 그늘이 흔들릴 때

난간에 걸친 젖은 손수건이 그 예후를 알린다

몇 번이고 입안을 헹궈보지만

그녀의 계절은

쉽게 복원될 기미가 없다

* 침샘과 눈물샘이 마르는 질환.

빈집의 수식어

옆집 검은 개 깜이를 까미, 까뮈라 부르자 낮은 담장 너머 허기진 붉은 혀를 헐떡였다

감나무를 타오른 환삼덩굴, 가까스로 뻗은 손끝에서 감이 익어갈 즈음 쌓인 고지서를 읽고 심드렁해진 바람은 지루한 하품을 해대며 술렁인다

선잠에 취한 햇발이 저녁 경계에 닿자 후드득 몰려온 새의 이마가 곤두박질친 하늘은 오늘도 텅 비었다

몇 달 전 떠난 주인의 마지막 배려인 양 수돗가 긴 호수가 마당을 가로질러 빈 그릇에 표면장력의 물방울을 공급하고

이를테면 빈집의 수식어다

골목 끝 홀로 남겨진 노모가 짧은 혀를 차며 밥그릇을 밀어주고는 쓸쓸히 돌아간 그 밤

두들기는 빗소리를 온몸으로 맞으며 허공에 난 길을 하염

없이 바라보던 까뮈,

비폭력의 폭력 속에 갇혀버린

세계의 다정스러운 무관심*

* 알베르 까뮈의 『이방인』에서.

회전문

한사코 규격화된 방향을 고집할 때
기준점에서
잠시 호흡을 가다듬는 사람들

어느 발을 먼저 들였…
알 리 없지만
암암리 궤도만큼은
신이 내린 결정이라고 믿… 는…

도시 한복판을 점령한 고층 건물
출입구마다
웅장한 회전판이 돌고
이 바닥에 초대된 사람들은
최종 관문을 통과하듯 엄숙하지만

쉼 없이 맺혔다가
순간 흩어지는 물방울 같…

돌연

기습 사이렌이 울린다면
안과 밖이 동시에 밀고 당긴다면
오랫동안 대치하다
속보 화면이 뒤엉킨다면

끝없이 표류 중인 기착지에서
우리는 지금

비상구가 필요할 뿐이다

아파트 · 아파트

소파 아래 리모컨이 굴러다녀요

혼자 있는 날이 계속되면 한 번도 신발을 신지 않아 가르마가 수시로 바뀌죠

충혈된 노을 덕에 저물녘이면 출입구가 헷갈리고 앉은 자리에서 오늘과 내일을 뭉개는 건 잠드는 일보다 쉬워요

어둠이 스며들면 허공을 유영하는 마른 물고기 같아요
그러니 어려워요

눈만 감으면 어디든 갈 수 있을 것 같아 때론 너무 깊이 내려간 적이 있죠

건너편 아파트, 곳곳
방 하나의 불빛 하나가 밤새 꺼지지 않아요

우리는 다가올 서사를 찾아 홀로 심해를 헤매는 구도자일까요

인턴

누군가 나를 드래그한다

당신의 말은
늘 속보처럼 과열되고 뉴스보다 과잉이다
그때마다 나는 웃어드린다
아니, 알고리즘처럼 반응한다

감정은 클라우드에 저장되지 않는 법
역류하지 않도록 밀어 넣고 싶지만
침묵은 수개월째 업데이트 중이다

종일 꼈던 가면을 한 꺼풀씩 벗겨내며
밤의 백업 속으로 돌아가면
스팸으로 분류된 스트레스가 메일함에 겹겹이다

로그아웃되지 못한 의식이
자동 재생,
밤의 화면에 끝없이 떠돌아다닌다

제2부
경로를 이탈한 한 줄기 슬픔이 번개처럼 다녀갔다

독주

갈퀴를 치켜든 사람들이
무릎까지 올라오는 장화를 신고
갯벌의 복부로 진입한다

썰물에 노출된 속살을 더듬으며
그들은
대부분 수심의 문장을 선호하고
낯선 모어에 집중한다

손아귀에 걸려든 은신처
곧바로 파헤쳐지고
찰나를 낚기 위해 몸을 던지는 사람들

행간 틈새에 잠복한 채
생의 한순간을 꿰매듯 시면을 여닫는다

바다가 들이켠 숨에
한쪽 발을 파묻고 돌아 나온
맨발의 사람들이

스스로 따른 독주를 들이켜는 밤

잠들지 않은 바다는
입술 끝에서 뒤척이고
지독한 고요는 끝내 자리를 옮기지 않는다

불화설

마음에도 없는 소리가 오간 뒤

사색이 깊어진 오동나무는
여름내 발돋움한 가지를 후려치며
속절없이 잎을 떨구었다

간간이 일던 추측이
미각을 잃을 겨를도 없이 불화설로 번졌다

바람은 직설적이라 여지가 없었고
관통하던 파편 조각이
11월의 틈을 메꿔나갔다

베인 자리가 끝없이 분할되자
그들은 한동안 소원해졌으며
접히지 않은 모서리에 기댄 채
마음을 벼르다
칼날처럼 번득였다

오동나무를 뒤집어쓴 운무는
빈 가지에 걸터앉았다 가는
새의 발자국을 따라
보이지 않을 때까지 점·점·점

차마 범접할 수 없는
당신의 틈 속

아직 끝나지 않은 것이 있다는 듯
발끝을 세운 바람이
툭툭 땅바닥을 찍어대는 12월

이따금 뿌리는
각기 다른 농담의 그늘을 끌고
집요하게 바닥을 파 내려갔다

피의 유전자

미지근한 속엣말을 삼키고
그림자 놀이하느라 딱 절반을 소진했다

장소 불문하고 무료無料,
사는 게 무료無聊한 날은 무한 리필도 가능했다

뭉그적거리다 깔고 앉기 일쑤여서
넋 놓기 좋은 날도 더러 있었다

가끔 내동댕이친 날은
소리 없이 등 돌려 밤새워 그림자 본뜨기
자칫, 죽을 맛이면
농축된 검은 피의 유전자를 끌어안고
생의 바깥 염탐하기

검은 그림자에도 뼈가 있어
욱신거릴 때면 눈물이 옹골찼다

더욱 명료해지는 슬픔 따위에 떠밀려

한동안 잠수를 탈 때마다
굴절된 그림자를 건져 올리느라
여러 뜰채가 동원되기도 하였다

말끝이 흐려지고 모호한 표정의 당신

눈코 뜰 새 없이 무료한 날의 당신도
알다시피 무료다

원룸

1인의 서사가
무보증으로 실현되는 이곳은
어질러진 이불의 중력에서 시작한다

하루 종일
나를 꿰뚫고 있는 직각의 벽은
고양이 울음과 분리수거로 메워지고

간이 의자 위
엎질러진 컵라면의 각도는
미래보다 과거를 더 오래 저장하고 있다

이곳은 결국,
결핍의 누적으로 완성되는 반#자전적 서사

낙인
— 함안 '무진정'에 부는 바람

들문을 날개처럼 펼치고 가는 바람이 있소

사방 차오르는 무궁한 바람이오

팔작지붕 아래
턱을 괴고 앉으면
두 눈을 감기우고 가는 바람이 있소

그 바람 따라 동정문을 나서면
이수정 연못의 밤을 만나오
한 오백 년
수면을 거니는 노거수의 사계 연못이오

돌고 돌아와 일렁이는 밤바람이
불 꽃잎을 입에 물고……

당신의 이름을 낙인처럼 찍고 있소
무진無盡한 바람이오

폭우

> — 경로를 이탈한 한 줄기 슬픔이
> 번개처럼 다녀갔다

입술을 깨물면 슬픔이 새지 않는다는 걸
증명이라도 하듯
그녀의 낯빛은 시종일관 정교했다

거짓말같이 치켜 올라
나비를 닮은 입꼬리는 슬픔을 매듭짓는 고리

귀밑을 벗어난 날개가
합의점을 찾지 못한 저물녘이면
불길한 징조를 예감한 서편 하늘은
화염에 둘러싸여
갈팡질팡 종적을 감추었다

눈물 속,
그녀가 수심을 휘저으며
안개처럼 허물어지고 있다

땅을 칠 때마다 오열이 솟구쳤다

한낮의 폭염이 유장하게 흐르던 밤

들썩이는 어깨 위로
움츠린 나비 한 마리

몸의 안쪽이
격렬하게 들끓는 물의 사옥이었음을

나만 몰랐다

미리 슬픔을 익히려고

― 눈물을 예습할 필요는 없단다, 아가

쏟아지는 빗소리를 뚫고 그녀에게 간다

나중,
울지 않으려고 간다
후회하지 않으려고
미리 슬픔을 익히려고 간다

후드득
사선으로 꺾인 빗방울 속
엄마의 표정이 모란처럼 창백하다

없는 얼굴처럼 흔들린다

젖은 꽃잎 위
또 한 장
꽃잎을 띄워 한참 지는 중이다

대문에 기댄 채

오래도록
하얀 손바닥을 흔드는
모란의 또 다른 이름

엄마가 내게

아가,
나중에라도
눈물을 복습할 필요는 없단다

목숨의 序

상수리나무 한 그루
겉껍질이 터진 채 죽어 있다

비탈을 오르내리며 넘겨다본
바람의 길인 듯
단단한 속살에 새겨놓은 방사형 무늬가
나비를 닮았다

굴파리 유충이 파먹은 길의 흔적

알 수 없는 연대 속
안으로 무언가 그려놓았다는 건

무언가 받아들였다는 것
꽤 오랜 시간 품었다는 것
제 몸이 상하는 줄도 모르고 몰입했다는 것

폈다 접었다
날개를 그리려 몸부림쳤다는 것

반복했다는 것은 간절했다는 것

흔적은
언제나 지나간 뒤에 남는 생의 진동

움푹 새긴 질문이다

당신은 정면으로 웃습니다

*

함께한 기억은 힘이 세지만
추억쯤이야
당신 없는 세상을 위해
틈틈이 기록해 두었으니
서러워할 필요는 없습니다

그러니 엄마,
엄마가 집으로 돌아가자 안달해도
우리는 못 들은 척
극구 사양하겠습니다

혹여 누군가
호흡 연장선을 권한다 해도
오해는 마십시오
그럴 만한 세상이 아닌 듯하여
단호히 거절할 요량입니다

그나저나 지갑은

공평하게 또는 재량껏 열자며
이미 암묵적 최종 합의를 본 상태니
뒷일은 염려 않으셔도 됩니다

*

그날
입고 갈 옷가지와
심지어 우리가 입을 옷까지
마련해 두었다며

준비한 영정 속에서
당신은 정면으로 웃고 계십니다

그런데 어쩌죠

그곳에 가시기 전
들러야 할 곳이 있으니,
당신보다 먼저 준비했으니,

요양원 측면 어딘가에 미리 숨겨 놓고 있으니,

그런데 어쩌죠

엄마,
우린 정말 어쩌죠

미치고 싶은데 끝내 미쳐지지 않는*

   미치고 싶은 날에는 바다로 내닫자 끝내 미쳐지지 않아 제 가슴만 쥐어뜯다 진저리 치며 주저앉는 파도에게 그래, 남쪽 바다로 가자

   미쳐지지 않아 미치는 날에는 어둑하니 바위에 올라 두 눈을 감자 허공을 버티며 부르는 노래 속 바람을 느껴보자

   저기,

   허공은 건너지 말자

   해안선 너머 흔들리는 수평선이 저리 아득한 건 미치고 싶은데 끝내 미쳐지지 않는, 파란이 있기 때문이다

* 이인성의 소설 『미쳐버리고 싶은, 미쳐지지 않는』 차용.

생일

불을 끄자,
어둠이 이리도 환했던가

우리는 그 순간 조용해졌고
세상이 너무 더뎌 가혹하다며
다음 생보다는
봄이 먼저 당도하기를 되뇌었다

일렁이는 촛불 한 자루

예약된 진료가 끝나고
초조와 불안의 틈에서 다시 태어나는 일
하지만
겨울나무가 아무 생각도 없이
제 몸을 떨구어
허허로이 저 들판을 버티고 있을 리 없다

믿을게, 믿지만 말이야

병원 회전문을
단번에 빠져나오지 못한 손에는
말아 쥔 처방전이 언제나 들려 있고
약의 효능이 다채로운 낯빛에는
수심이 깊어 일교차마저 크단 걸 느껴

단 하나 남은 숨을 몰아쉬며

훅,

다행이야
끝이 보이지 않아 재미있어

제한구역

아무것도 해 드린 게 없어 미안했던 우리는 머리를 맞대, 마지막 여행이니 고품격 패키지로 보내드리자는 의견에 이건 없이 매듭을 지었다

때맞춰 붉은 동백은 묘사곡처럼 목을 떨구어 주었다

아버지의 시신이 전용 승강기를 타고 지상에 당도하자 붉은 카펫이 밑줄을 그으며 일반인 제한구역으로 안내했다

바퀴 하나가 빠져 달아난 듯 잠시 기우뚱거렸다

고별실의 점화장치가 깜빡거리자 우리는 친환경 눈물을 길어 올리느라 애써 창자를 비틀었다

끊어질 듯 끊어지지 않아 다행이라 여기며 감별하는 듯한 구경꾼의 시선을 피해 뚝뚝 끊어진 울음을 조심스레 이어 붙일 때

우리의 부끄러움을 가려주느라 온몸 불태워 활활 웃으시던

저편에 머물러 시종 흐르는 한 줄기 붉은 노을

후략

말이든 글이든 줄이는 게 답이다

갈수록 거듭되는 실언이 문제

말문이 막혀 돌아오는 저녁엔 쓸쓸한 등에서 자꾸만 어깨가 무너진다

방문을 잠그고 어제처럼 쓰러져 어제처럼 눈을 감으면 흐릿한 맥박 사이로 검은 새 한 마리 입안 가득 둥지를 틀어 하루이틀 심장을 쪼아 나를 먹어 치우고 나는 끝없이 먹히고 또 먹혀주고

— 이하 생략 —

자꾸만 입술을 깨무는 버릇이 생긴다

줄인 말 뒤로 가식을 제외한 미소는 덤이며 답이다

질주의 가계도

잘린 목 하나가 백미러에 걸린 채 비스듬히 잠 속으로 빠져들고
나는 뒤통수에 눈알을 달고 고속도로를 질주하네

몇 번이고 불러보지만 아들은 무언가에 짓눌린 듯 가끔 눈썹만 일그러지네

깊어서 천천히 차오르는 말 '짠' 하다는 그 말이 바닥 중 가장 깊은 바닥임을 울컥 알았네

일렁이는 혈통, 목이 젖혀진 또 한 사내가 보이네

밥줄을 목에 매고 어느 세계에도 내리지 못한 채 가끔 눈썹만 일그러지네

두 사내의 미간을 읽으며 나는 질주하네

점점 두꺼워지는 눈썹은 지상에 새겨진 유전, 내 심장 속 파동이었네

제3부
바람의 지느러미를 타고 아무도 깨지 않은 새벽을 택하겠다

시청자

개편을 예고하듯
이상기류가
물살을 가르며 밀려온다

호수 가장자리,
배회하는 피라미 떼 중앙에
먹잇감 하나를 던진다

몸집보다 큰 그것을
치고받으며 파장은 점점 거칠어진다

요컨대 얇은 입은
감지에 능한 머리거나 떠받는 어깨다
관절을 새긴 무릎
혹은 빨판 달린 발

문제는 쉽게 풀리지 않고
비토와 궤변이 판을 칠 때
과녁은 아수라장이 된다

입질을 유도한 죄

맑은 물을 흙탕으로 만든 죄

우리는 혼란을 유희 삼은 공범이다

손가락질로 웃는 실존

물러나는 무리 속

끝까지 주둥이로 치닫는 수면전이 벌어질 때

저만치

누군가 기다리고 있다

한 입 거리밖에 안 되는 먹이를

단숨에 삼켜버리는 놈의 큰 입

서둘러

물이 물의 채널을 뒤엎는다

방파제

애견 동반 카페가 유독 많은 섬이 있다
섬을 유배지로 오인하는 사람들이 있다

몰려왔다가
우르르 떠나는 휴가철이면
어떤 수칙도 없이
슬그머니 절연하는 익명의 사람들

황급히 달아난 자리엔
가차 없이 수거된 울음이
먼 등대를 돌아 심해로 곤두박질친다

제 목줄을 감고
어슬렁거리는 방파제의 여름,
늑골을 드러낸 채 열병을 앓는다

매몰차게 돌아서던 당신은
끝내 돌아오지 않고

소리를 삼키며

우는 개를

본 적 있다

달 세뇨

한동안 우물의 퍼즐을 뒤집으며 놀았다

서서히 빠져나온 바깥 또한
여전히 숨어 있기 좋은
또 하나의 행성

모순 가득한 질문의 블랙홀

섬과 우물의 주성분은
동일한 패턴의 이음동의어다

그러니
바람의 지느러미를 타고
아무도 깨지 않은 새벽을 택하겠다

착륙 지면에 닿지 못한
새들의 휘파람을 몰고 다음 예정지로 삼겠다

극야의 섬에 갇혀

꼼짝없이 야생의 비애를 별미로 삼키겠다

밤새도록 썼다 지운 첫 줄 아래
붉은 밑줄을 그으며
오늘의 전면전에 다시 무릎 꿇겠다

나의 아집을 볼모로 잡겠다

지워버리고 싶은 기억을
낱낱이 필사하다
언뜻 돌아갈 원점을 찾지 못하는 나는

때론 나의 치열한 공백이다

* Dal Segno: 어느 부분을 되풀이하여 연주하거나 노래함(D.S.)

사소한 희비극

   물 묻은 손을 대충 털어낸 듯한, 낯선 그녀의 등 뒤로 아이의 선잠을 들쳐업은 내가 보인다

   슬그머니 달라붙어 외면할 수 없는 혈육, 그러니까 사정이 어쩔 수 없게 된 장면 속 내가

   구부정한 유모차로 아파트 정원을 돌며, 먼나무 꽃댕강나무 개머위 헛꽃을 빙자한 산수국을 자장가처럼 흥얼거리는 내가

   금요일 마지막 기차를 타고 내려와 월요일 새벽이면 어김없이 상경하는 그들 사이로 내가 보인다

   엄마의 엄마들이 자라고 있는 평일의 상황극에 서서히 합류하게 될 내가

   내가 겹치는 평일의 아침은 사소한 희극,
   아니면 사소하지 않은 비극

띠밭늘

   계절과 무관한 바람이 트인 바다를 내 달릴 때마다 파도는 망각의 절벽을 부딪고 광대한 풀밭 지나 멀찍이 붉은 동백에 얼굴을 파묻곤 하였다

   서둘러 떠난 바람을 등지고 쓸쓸한 비경이 되어버린 캄캄 절벽

   바람의 언덕, 사시사철 동백 숲속에는 접점을 찾지 못한 고요 한 점이 무시로 둥지를 튼다

* 띠가 덮인 언덕이란 뜻으로 '바람의 언덕' 원래 지명.

생존자

문을 따고 들어서면
희미하게 올라가는 입꼬리 발견

이를테면 생존을 확인하는 최초 지점이다

나는 얼추 보름에 한 번꼴
수색 작업에 임한다

오늘의 정예 요원으로 발탁되어
집을 나설 때면
목적지 상황을 타진하려
발신에 발신을 거듭한 후

— 엄마, 잘 지내고 있지

출동에 필요한 목록이란
수분함량이 풍부한
잇몸만으로도 거뜬히 삼킬만한 것들

방지턱을 넘을 때마나
벌컥 중심을 잃고
사방을 구르다 쏟기도 하여
베인 냄새가 좀처럼 가시지 않는다

곳곳에 매설된
병명의 함정 속에서
때로는 구조에 난항이 예상되지만

별다른 후속 조치도 없이
오늘도 재빠르게 철수를 자처하며

— 또 찾을게, 엄마

핏줄로 연결된 현관 비밀번호를 엄마만 모른다

지금의 기분을 묻는 건

실례다
알아요, 아는데요

겹겹의 표정을 움켜쥔 당신
뭔가 일그러져 있군요
전면전이군요

기다렸다 다시 묻겠습니다

실마리를 찾지 못해
여전히 손톱을 뜯는 불안이
죽음 직전이군요
입술이 떨리고
흔들리는 눈동자가 물빛입니다

지난밤 끓였던 애통이 임계점에 이르렀군요

아뿔싸,
드디어 틀어막고 있던 말을

아무렇지 않은 듯 게워 내는군요

과거가 역방향으로 밀려 나오고
걷잡을 수 없는 상황이
나를 덮습니다

거듭 반복은 싫증을 부릅니다
갈수록 당신을 잠그고 싶어집니다

이윽고
얼굴이 홀가분해지는군요
닫히는 중이군요
그러니 내가 나를 잠가도 되겠습니까

별반 다를 게 없는 나를
언제고 가끔 부탁드려도 될까요

당신,
조금 가벼워졌나요

하품

뒷목을 움켜쥘 때마다
개의 그림자가 어슬렁거린다

밤이 깊을수록 되풀이되는 현상이다
통증 같은
승모근을 타고 전류처럼 흐르는 난치성 언어들

이러다가 무덤
차곡차곡 쌓이는 패색 가득한 무덤

우리는 우리의 무덤을 스스로 파서
문장이라는 봉분을 쌓고 허물고 또 쌓아 올린다

기다리지 않아도 어둠이 깔린다

그 위로 저녁이 지칠 때
저만치 배회하는 개의 그림자

봉분의 바짓가랑이를 적시며 지나간다

이러다가 무덤

문장의 무덤에
영원히 갇혀버릴 수도 있다

연거푸 하품이 난다

안개의 파열음

물의 소립자로
오늘의 표정을 매만지듯 죄는

여자의 안면 포장술이 묘하다

새벽 강둑은
안개의 저감도 질량으로 뒤덮여 있다

연신 허리를 꺾으며
주위를 아랑곳하지 않은 여자를 따라
박장대소, 내일로 간다

맹렬하게 웃으면 울음이 걸러질까

때론 울지 않고
끝장을 볼 듯
혼자 오래 웃을 줄 아는 여자

내심을 감출 때마다

불쑥 튀어 오르는 파찰음 따윈
저 물살에 띄워버린다

아뿔싸 허공에서 무산되고 만다

비밀스런 생의 충동을
절묘한 눈빛에 가두고
안갯속에서
전력을 다해 허우적대는 여자

사그라졌다 다시 피어오르고
웃으며 눈물을 퍼 올리는 여자

별일 아닌 듯
그렇게 박장대소 내일로 간다

단속카메라

서비스로 제공된 출입 명부가
카메라에 포착되었다며
점령군처럼 들이닥친 검진 대상 문자

불안의 경로를 따라 침입한 그림자는
때론 암시적이어서
사전 예약도 없이 접촉할 기회가 허다했다

거리를 측정한 정부 관계자에 의해
곧장 진료소가 선별되었다

예감은 오래도록 주위를 감돌았다

본능에 충실했고 개중 몇은 적중했다

순식간에 내려진 격리 조치

문이란 문들은 봉쇄되었고
안에서 열지 않으면 절대 불가한

강경한 방침들

소리 소문도 없이
현관 앞에 고스란히 두고 사라진
일용할 양식들

증폭되는 의심 증상이
출몰하지 못하도록
해제를 통보받는 그날까지

단절과 방안의 연속은
무기력의 전방위적 증후군

이완만 있고
종식은 보이지 않는 우리는
우울을 동반한

역학조사 중 잠복기다

농담처럼

막상,
주인 없는 고양이가
맘 놓고 드나들며 뒹굴어도 상관없는

집 번지는 여전한데
꽃그늘이 수척하여 아무도 들지 않는

울타리에 걸터앉은 바람이
다리를 꼬며 휘파람이나 불어대는

한동안 텅 빈

기척도 없이 늙어가는 그 집에
농담처럼 스며들어
끝내 들키고 싶지 않은 밤

흩어진 문장을 찾느라 어둠의 행간을 뒤적이면
설파하는 자의 목소리가 들리는 듯

그 집

잡초로 가득한 내 유일한 사유

스윙 댄스

오늘의 먹구름은 대체로 압도적이다

재즈풍을 동반한 돌개바람이
선족跣足의 무희처럼 휘몰아칠 때

바람의 표류를 예보하던 공중은
잠시 어깨 각을 풀어놓고
골반을 흔들며 둠치 두둠칫

폭우에 나뒹굴다 헤쳐 모인 낙엽들
바람에 제 몸을 맡긴 채
덩달아 원투 킥 터치 킥 크로스

저기 저 허공에 거처를 둔 탓일까
순식간에 절반이 파손된 거미집 한 채
가로등 불빛 아래서 밤새도록 스윙 훅 훅 스윙

아침이 밝아오자
겨우 새끼를 보듬은 거미가 이슬을 떨어내며

스윙 스윙 킥 스윙

고층 외벽,
밧줄에 묶여 유리창을 닦는 사내 등 뒤로
햇살 두어 줌

스윙 킥 스윙 스윙

먼 먼

남강 다리를 건널 때면
빈주먹에서 새소리가 났다

연탄 불꽃이 사그라진 지 오래
반지하,
창문 없는 벽면에 습지가 형성되자
수생 꽃망울이 산발적으로 번졌다

등줄로 타들어 왔는지
돌아와 누우면 뻐근했다

아우들 책가방을 옆구리에 끼고
곤로 심지에 불을 붙일 때면
출구를 놓쳐버린 매캐한 석유 냄새가
목을 죄듯 역겨웠다

강물은 단 한 번도 마른 적 없었고
신의 근황을 묻는 날엔
응답처럼 바닥이 데워져 있었다

물옥잠 같은 여자가
부랴부랴 두고 간 찬통을 열고
이마를 맞댄 우리는
간만에 허겁지겁 웃었다

방 안 가득 파생된 눈물은
애써 파종하지 않아도
무시로 꽃을 피워 올리는 만성 통증

변형에 익숙한지
오래다

숨

빼곡한 일정 속
오늘도 나는 어느 저녁을 맞는구나

이탈한 숨 굴절된 숨이
매일 복원되어 기척도 없이 곁에 머물고 있구나

알람을 울리는
타임라인이
계속 나를 끌고 다니는구나

때마다
神의 입김이 뿌옇게 감싸고 있구나

진정 아무것도 하지 못한 채
나는,
나는 어디론가 치닫고 있구나

그나마 은신처였구나

살아낸 하루였구나

제4부
세상은 친숙하나 저항할 수 없는 고독이란 게 우리를 슬프게 할 뿐이오

에지 워크 Edge Walk

발 위에 남은 한 발을 장착한 행렬 속
괴성이 빗발치는
그 아래, 지금 나는 있소

기암절벽처럼 솟은 94m 해양공원이오
둥근 트랙에 매달린 스릴은
뻗대어 죽음을 맛보는 자의 몫

헛발질에 무게를 둔 허공의 경계는
감칠맛이 일품인 게요

공중 모서리를 돌려 깎아 놓은 듯
그러니
단 한 번도 실행하지 못한 날개의 기능은
오늘만큼은 잊어도 좋소

무슨 말인지 모를,
무슨 말을 한 듯한

요동치는 물결 속

섬과 섬 사이를 쉴 틈 없이 건줄 때
본색을 감춘 공중은
목숨 줄 하나가 전부여서 매력적이오

때론 허공 속에
파동을 일으키는 고함이
나를,
내 슬픔이 무화되오

세상은 친숙하나
저항할 수 없는 고독이란 게
우리를 슬프게 할 뿐이오

한 번쯤 질러 보오

저녁의 매듭

창밖 어둠은 흡인력이 강하다

여기 이쪽,
흔들리는 그림자가 입체적일 때
순간 낯설 때
나는 왜 없지 않고 겹겹으로 있는가

왜 매뉴얼만 있고 답은 없는가

언뜻 보였다 보이지 않는
숨은 사람 찾기처럼
두 눈만 희번덕이는가

왜 왜, 첩첩으로 섰는가

달의 어스름에 매듭을 묶고
하얗게 달아오른 눈썹이
거꾸로 매달린 눈물로 출렁이는가

전면에 드러나지 않는 공명

때론 반으로 접혀 발성법을 잃어버린

어디 숨었는지 알고도
찾지 못하는 어둠의 실체가
어제와 내일의 틈에서 아등거릴 때

여기 저쪽,
나는 왜 없지 않고 별빛마저 흔들리는가

택배 총서

 …, 박스, 집배원, 택배기사, 송장, 주소지, 분실, 도착, 배달, 배송, 알림, 스티커, 상자, 무게, 비밀번호, 문앞, 초인종, 물류센터, 허브터미널, 스캔, 전산, 운송, 기사님, 대행, 고객센터, 문의, 익일, 정시배송, 배송지, 택배함, 분류작업, 도착예정, 보관, 자동문, 문앞배송, 수령, 송장번호, 사서함, 당일배송, 새벽배송, 로켓배송, 쿠팡, 택배차량, 수거, 반품, 교환, 픽업, 문앞수거, 물품, 박스테이프, 뽁뽁이, 완충재, 배송지연, 분실신고, 도난, 문앞도난, 배송완료, 현관, 공동현관, 배송기사, QR코드, 트래킹, 택배앱, 재배송, 무인보관함, 택배통, 알림톡, 문자발송, 송장출력, 프린터, 스티커부착, 아파트계단, 포장지, 검수, 제품확인, 주소오류, 오배송, 배송상태, 접수, 물류창고, 물동량, 새벽차, 퀵서비스, 비대면배송, 냉장포장, 드론배송, 로봇배송, 자동화시스템, 분류로봇, 터미널, 컨베이어벨트, 지게차, 물류노동자, 라벨링, 실시간추적, 배송사고, 공휴일배송, 예약배송, 묶음배송, 우체국, 밤샘작업…, 과로방지턱

사각지대

비둘기 한 마리가
서울 역사로
성큼 발을 들이는 순간

붐비는 사람들의 시선이
스크럼을 짜듯 퇴치 망을 펼쳤으나

각질로 두툼한 발바닥

콘크리트를 쪼던 부리

사슬의 경계쯤이야 눈 하나 끔벅 않고 종횡무진이다

광장 바닥을 전전하던 비둘기에게
역사는 단지

그들의 후천성 사각지대였던 것

공동체

오늘의 한가한 틈으로
걷잡을 수 없는 내일이 몰려올 때
도서관 불빛은 스스로 꺼진 적이 없다

물론 우리는 하나의 공동체
각자 도달 지점에 대해서는 묻지 않는다

슬리퍼 끄는 소리가 뚝뚝
끊어질 때마다
단단한 벽을 악착같이 붙드는 책장들

정리정돈이 철저해
말하자면 장식장 같고
거듭 말하자면
원하는 우물이 제각각이다

강박에 끼워 맞춘 저들의 몸
둥글다 못해 꺾여 있는 목
구석진 자리는

연거푸 우물을 파는 삽들의 붉은 눈동자

그새 한쪽 뺨에
두레박을 내린 듯 물길을 만난 흔적이 뚜렷하다

무력감에 시달리는 무한한 밤

궁리하는 밤
내몰리는 밤이다

백색왜성

점차 혈색을 잃어가는
별의 웅크린 지점에서
사람들은 운명을 단정 짓기도 한다

기억에서 차츰 멀어지는 이름이
희멀겋게 불려 나오기 시작하면
별 하나쯤 몰락하는 건
흔적도 없이 사라지는 건
그리 어렵지 않다

허공을 밀고 당기는 속도에
자주 제동이 걸린다는 사실을 감지한 그녀

선택의 여지가 없다고 판단한 그녀가
계절의 곁눈에 일생 겨눈 총구를
밤의 쇄골을 향해 견줄 때

항목을 잊고 돌아서는 절기마다
와병의 흔적은 더욱 뚜렷해진다

행성의 가장 오래된 풍경이
서서히 해체되는 순간,
저편의 안부는
공명으로 꽉 찬 가묘 같다

천체의 괄약근에서 벗어나
결국 하얀 재가 되는 우리는
미지의 시간에 한쪽 발을 들이밀고
무질서를 엿보며
때론 기웃거리며

이편의 안녕을 조금 더 갈구하는
별의 흩어진 파편이다

바쁘시죠, 바쁘실 텐데

늘 바쁘시죠?
여전히 바쁜 나라의, 바쁘실 텐데!
결핍과 과잉 사이

나는 불러도 돌아보지 않는 사람

때론 나를 대면한 적 오래되어
처방전으로 상비약을 찾는
빈집의 방문자

비밀번호가 여러 번 틀린다

북새통이 되어버린 기억을 허우적대다
처마 밑 거미집 절반을 날렸다
투명하고 작은 거미의 내란 속에서
하루가 방전되는 순간이다

그러니까 나는,
마지막 까치밥을 쪼던 새 한 마리

꺼억 날아오를 때
공중의 체중이나 짚어보는 사람

고양이 울음으로
골목을 헤매는 사뭇 진지한 사람

현관 틈으로
발 뻗은 환삼덩굴을 다치게 할 수 없어
떨어진 낙엽이나 줍고 오는 사람

간략하게 오늘을 넘기는 사람

한시바삐 돌아서는 사람

수상한 가족사

새 부리형 마스크에

만삭의 배로

모국을 찾은 젊은 부부

달의 변주를 따라 배회할 때

확진자 그래프는 몇 날째 상향곡선이다

서식지를 두고

이들은 잠깐 슬픔의 안쪽이 되었다

낯선 세계에 퍼진

첫 울음을 뒤로 한 채

직장이라는 좌표를 따라 국경을 넘어간 남자

계절이 자리를 이동할 때마다

떠다니는 모녀를 보며

우리는 모든 것에 증명되고 익숙해졌다

하루의 안부가 영상으로 송출되고

이 집 저 집
모빌처럼 흔들리는 가족사

코로나의 종료 지점을 헤아리느라
불면의 밤을 지새울 때마다

무럭무럭 아이가 울었다

방관자들

─ 괜찮다, 나는 괜찮다
그녀의 단문은 진실 너머의 수사법

역설법에 놀아난 우리의 죄목은 수수방관자다

맘은 저만친데 다리가 따라붙지 않는다며 바닥이 바닥을 끌고 왔다

푹 꺼져가는 집 한 채 등에 업고 절대 생활 반경을 벗어나지 않던 아흔의 엄마가 진료의뢰서 들고 모처럼 왔다

첩첩 약봉지를 들춰 텃밭 부지깽이나물 한 움큼 건네는데 천지 구분 못 하고 따라나선 손톱만 한 달팽이가 휘둥그레 나뒹군다

미끄덩거리는 몸을 부려 틈난 나면 창을 기어오른다

두리번거리며 먼 밖 내다보는 그녀의 얼굴에 표정이 사라진다

파킨슨과 맞서 저 먼 곳의 안부를 일방적으로 타진하는 그녀가 가방을 챙겨, 사나흘 창에 매달린 달팽이를 떼어 담으며

— 너도 니 집으로 가야지

할 말 다 못하고 가는 듯 움찔거리는 몸의 언어

숨겨진 진실 너머의 수사법

난해한 역설법에 우리는 끝까지 수수방관적 입장이다

나비의 활공법

버튼으로 차창을 밀어 올리는 순간
공중 발길질에 차인 듯
황급히 핸들 위로 날아든 나비의 호흡

거친 숨을 헐떡이는 동안에도
바깥 세계는 일정한 속도를 유지하고
바람의 밀어가 산란하고 있다

한참을 달리다 빨려 들어간 터널은
극도로 하얀 무의식의 세계
그런 적,
엉겨 붙은 길을 풀어 헤치느라 눈을 감은 적 있다

걷잡을 수 없이 빨라지는 호흡을
멈출 수 없다고 판단했을 때

소스라치는 고막을 붙들고
도무지 여기가 어딘지 나는 누군지
어디로 가는 중인지

아무도 나비에게 가르쳐주지 않았다

내일의 공황장애는 황당하게도 푸름

다만 지리멸렬한 연속무늬가 끝없이 이어질 뿐

선팅

허공이,
허공을 밑줄로 차단하는 정오

빈속을 들키지 않으려
안색을 숨기는 설정이야말로
오늘을 은폐하는 최적의 시공법이다

슬금슬금 길고양이 한 마리

빈집으로 간주한 듯
통유리에 바짝 등을 기댄 채
햇살에 겨운 잠을 속눈썹에 매달고 늘어진다

한동안 우리는
창을 사이에 등을 맞댄 채
호흡만 이어갔다

톡톡, 유리창을 두드리면
곧추세운 등뼈로 눈알을 희번덕거리고

톡톡, 눈이 마주쳤던 것 같은데
표정은 여전히 오리무중이다

나는 보이는데 너는 보이지 않는, 나는
저 산언저리
소리를 삼킨 익명의 새

단 한 번도 부르지 못한 노래가
간간이
내 안에서 무한 실사되고 있다

기상 캐스터

가시거리가 1킬로 이하인
짙은 안개를 농무라고 안내하며
처방전과는 무관한 듯
흐릿한 웃음으로 마무리하는 저이

한 달 치 약을 받았는데
약통을 흔들면 두 달 넘도록 소리가 난다

무더위가 증식하는 아침은
유난히 그림자가 짙어서
일 년이 이 년으로 치환되는 경보음이 울린다

한 알만 복용하라는
가장 쉬운 기록이 가장 어려운 일

수년째,
안되는 건 끝내 안 된다

잠에 취한 듯

남은 절반의 기억을 더듬는데

창가의 초록 넝쿨이
살갗을 데었는지 숨을 헐떡인다

아침인가,

아니 저녁일 거야

생물

아무래도 구름은 동물성에 가깝다

내가 되었다가 네가 없는 오늘은 네 살을 뜯는다

둘러앉으면 으레 쏟아지는 생물에 젓가락이 몰려들고 찢을 때마다 번지는 군침은 여과 없이 사방으로 튄다

어느 지점에선가 다시 뭉쳐 낯선 문장으로 끝없이 흐른다

눈치가 느려 어느 편에도 서지 못한 채 엉거주춤, 장점이 단점이 되는 경계에서 무색무취라 빈정거릴 때

나는 끝내 쓴 말을 뱉지 못하는 체질, 옆구리를 찔러도 오로지 나를 지키는 건 침묵

어제의 계절이 구름 속에서 머뭇거릴 때

그냥 쓴다 다 드러내지 못한 내가 겹겹이 쌓인 내가 어쩔 수 없는 내가

굳게 다문 내 안에서 끝없이 나를 삼키는 중이다

논개 바위에 대한 소묘

히스토리

그날 이후

단단한 침묵이다
아니, 외마디 함성이다

시간의 더께 위로

여태껏
써
내려가는

통점의 역사서다

새

당신은 외발로 서 있소

벼랑에서 구른
또 하나의 벼랑 끝에서

보오! 사방이 벼랑이오

시린 발목 긴 부리로 일필휘지

못다 한 말씀이
오색 불빛으로 물결치는 유등의 밤이오

젖은 날개를 털고 이젠 날아오르오

허나,
너무 멀리는 가지 마오

배

바람의 그물에 정박한 듯
물 위에 떠 있는
암선 한 척

물이 물을 포개어 한 오백 년 흘리도
떠나갔어도
바람이 바람을 섞어 천 년을 달아났어도

댓잎 서걱이는 소리에 발목을 잡힌 듯

물 위에 주춤거리는

당신의 넋

생존 증명서처럼 나부끼고 있다

천융희의 시세계

지독한 사랑주의자의 언어

오민석

(문학평론가, 단국대 명예교수)

1

천융희는 과장된 시적 제스처를 사용하지 않는다. 천융희에게 '시적인 것(the poetic)'은 시적이지 않은 일상에서 발견된다. 천융희의 시들은 특별한 '빨간날'이 아니라 평일의 어딘가에 있다. 천융희에게 '특별한 것'은 아무것도 특별할 것이 없어 보이는 곳에서 발견된다. 천융희는 시적 정열을 자랑하지 않고, 괴팍함으로 위악을 부리지 않으며, 존재와 세계를 흥분한 목소리로 호명하지 않는다. 천융희에게 시인은 구름 위의

왕자(보들레르, 「알바트로스」)가 아니다. 그녀에게 시인은 평일의 평범성 속에서 발견된다. 천융희에게 시인은 골목에, 교회에, 시장에, 거리에, 디지털 온라인에, 일상의 그 모든 공간에 흔해 빠진 얼굴로 존재한다. 그녀에게 시인은 수염을 기른 도사도 아니고, 개량 한복을 입은 꽁지머리도 아니며, 은둔하는 수도사도 아니다. 천융희는 가장 흔한 일상을 건드려 그 안에 숨겨진 비애를 끄집어낸다. 천융희는 너무나 친근한 현실의 파사드facade를 만져 그 뒤에 가려진 고독의 얼굴을 드러낸다. 천융희는 비非시적인 것의 깊은 곳에서 시적인 알맹이를 슬쩍 빼낸다.

   잔 가지가 출입에 방해된다는 이유로
   아파트 관리원은
   주저 없이 절단기에 시동을 걸었다

   새 한 마리
   바람 한 점 앉을 자리도 남겨두지 않은 채
   몸통만 붙든 목련 한 그루

   하늘엔 비행기조차 드물게 날았고
   아무도 개입하지 않았으며
   봄은 그렇게 오고 있었다

방호복을 입은 사람들이

　　　트렁크에서 빈 관을 꺼내

　　　서슴없이 아파트 안으로 들어갔다

　　　출입 통제선이 펄럭였으며

　　　사람들은 마스크로 얼굴을 가린 채 함구했다

　　　　　　　　　　　　　　―「함구중 ― 팬데믹」 부분

　부제("팬데믹") 때문에 이 시를 팬데믹의 상황에 가두어서는 안 된다. 이 시는 궁극적인 의미에서 팬데믹을 보여주려는 것이 아니다. 팬데믹은 이미 잠잠해졌으므로 이제 아무도 그때를 회상하지 않는다. 이제 와서 그게 특별히 시의 소재가 될 필연성도 없다. 이 시는 팬데믹 자체가 아니라 팬데믹의 얼굴을 한 일상의 속내를 보여준다. 이 시에서 팬데믹의 풍경은 알리바이에 불과하다. 자연에 대한 인간의 무지막지한 폭력에 대해 "아무도 개입하지 않"는 문화는 최근의 팬데믹만이 아니라 미래의 무수한 팬데믹을 계속 불러올 것이다. 오로지 인간의 편의를 위해 몸통 외에 모든 가지를 절단당한 아파트의 목련이야말로 그런 인간 중심주의가 박살 낸 자연의 민낯이다. 팬데믹은 이 끔찍한 인간 중심주의에 대한 자연의 반란이다. 중요한 것은 인간의 모든 폭력에도 불구하고 자연이 그 머리 위에 존재한다는 사실이다. 인간이 목련을 아무리 처참하게 난도질해도 봄은 죽지 않는다. 인간이 그 모든 폭력을

짐짓 모른 척해도 "봄은 그렇게" 온다. 팬데믹은 난도질당한 자연의 얼굴이다. 그것은 끝내 죽지 않는 봄이며, 파괴자인 인간이 관을 들고 수도 없이 자신들의 거주지를 들락거리게 하는 힘이다.

 겉으로 보기에 이 작품은 팬데믹 시대의 흔한 풍경을 흔한 언어로 묘사하고 있는 것 같지만, 그리고 인간의 책임에 대하여 목소리를 전혀 높이고 있지 않지만, 사실은 중요한 발언을 (전혀 요란하지 않게) 두 번씩이나 하고 있다. 그것은 바로 사람들이 이 사태에 대하여 "개입하지 않"으며 "얼굴을 가린 채 함구"한다고 말하는 대목들이다. 얼굴을 가리고 함구하는 태도는 물론 표면적으로는 팬데믹 시절의 가장 흔한 풍경이지만, 동시에 지금까지 지구상에 수많은 재앙을 초래한 인간들의 가장 일상적인 자세이기도 하다. 사회적 불의와 잘못된 인간중심주의에 대해 개입하지 않으며 얼굴을 숨긴 채 아무 말도 하지 않는 다수야말로 모든 시대 모든 재앙의 잠재적 원인 아닌가. 각자도생하며 공동체의 커다란 문제에 개입하지 않고 관찰자로 머무는 자세야말로 단절과 소통 부재로 특징 지워지는 현대 문명의 민낯 아닌가. 천융희는 우리 시대 일상의 본질이 우리가 늘 관찰자의 시선에 머물기 때문에 가서 닿지 못하는 자리, 바로 그 단절의 공간에 있다고 본다. 그 공간은 개체에겐 고독의 버섯이 자라는 곳이며, 공동체엔 재앙의 폭탄이 제조되는 곳이다.

몇 달 전 떠난 주인의 마지막 배려인 양 수돗가 긴 호수가 마당을 가로질러 빈 그릇에 표면장력의 물방울을 공급하고

이를테면 빈집의 수식어다

골목 끝 홀로 남겨진 노모가 짧은 혀를 차며 밥그릇을 밀어주고는 쓸쓸히 돌아간 그 밤

두들기는 빗소리를 온몸으로 맞으며 허공에 난 길을 하염없이 바라보던 까뮈,

비폭력의 폭력 속에 갇혀버린

세계의 다정스러운 무관심

―「빈집의 수식어」 부분

이 작품에서도 천융희 시인은 사랑이 가닿지 않는 단절의 공간을 그리고 있다. 주인이 떠난 빈집의 검은 개 "까뮈"는 그렇게 완벽한 고립무원의 상태에 있다. 그 개를 불쌍히 여겨 "밥그릇을 밀어주고 쓸쓸히 돌아간" "골목 끝"의 "노모"도 홀로 남겨졌다는 점에서 개와 유사한 환경에 있다. 개와 노모는 관계의 손이 채 닿지 않는 불모-공간의 외로운 섬들, 고독자들이다. "빈집"은 그렇게 모든 관계가 사라져서 비어 있음 자

체가 전부인 세계의 상징이다. 사람은 많지만, 세상은 넓지만, 실제 세계는 이렇게 서로의 손길이 가닿지 않는 빈집들의 천국이다. 그 많은 사람들이 서로를 서로의 빈집으로 만든다. 이런 현실을 천융희 시인은 "비폭력의 폭력"이라 부른다. 시인이 까뮈(카뮈)의 『이방인』에서 빌려온 "세계의 다정스러운 무관심"이라는 말은 비폭력의 폭력이 겉으로는 얼마나 평화로운 일상의 외모를 하고 있는지 잘 보여준다. 그런 무관심에 노출된 외로운 섬이라는 점에서 빈집의 검은 개 까뮈와 인간 까뮈의 신세는 크게 다르지 않을 수 있다. 시인은 억지로 뽐내지 않으며 '까뮈'라는 동일한 기표로 서로 다른 두 개의 기의, 즉 개 까뮈와 인간 까뮈를 연결한다. 이 시집엔 이런 중층어重層語들이 넘쳐난다. 천융희는 이렇게 조용하고 천연덕스러운 시인이다.

2

겉으로 보기엔 너무 흔하고 큰 문제가 없이 '다정스러워' 보이기까지 하는 일상의 배후에서 천융희가 읽어내는 것은 바로 인간들의 '무관심'이다. 무관심은 앞에서 살펴보았던바, 개입하지 않고 입을 닫는 태도의 다른 표현이다. 다정스러운 일상의 배후엔 수많은 구멍이 뚫려 있고, 그 구멍에서 사람들은 서로 외면하고 쳐다보지 않으며 접촉하지 않는다. 앞에서 살펴본 구멍들이 사회적이고 정치적인 것이라면, 인간이라는 한계 때문에 회피할 수 없는 단절도 있다. 천융희에게 이 운명적 결핍의 구멍은 주로 가족 내부에서 노년의 존재와 돌봄과 불가피한 애도의 정동(affect)을 통해서 나타난다.

> 아버지의 시신이 전용 승강기를 타고 지상에 당도하자 붉은 카펫이 밑줄을 그으며 일반인 제한구역으로 안내했다
>
> 바퀴 하나가 빠져 달아난 듯 잠시 기우뚱거렸다
>
> …(중략)…
>
> 우리의 부끄러움을 가려주느라 온몸 불태워 활활 웃으시던
>
> 저편에 머물러 시종 흐르는 한 줄기 붉은 노을
> ―「제한구역」 부분

천융희 시 세계의 전체 구도와 관련하여 이 작품에서 주목할 부분은 바로 "제한구역"이라는 제목이다. 천융희는 서로 다른 존재와 힘들이 서로 만나고 접촉해야 한다고 생각한다는 점에서 '사랑 본능'(에로스)을 중시하는 시인이다. 천융희가 생각하는 모든 비극은 서로 닿아야 할 것들이 닿지 못하는 상태, 함께 들어가 얼굴 맞대고 함께 해야 할 일들에 대한 무관심의 현실, 할 말을 하지 않고 입을 닫는 자리에서 시작된다.

위 작품에서 '제한구역'은 산 자와 죽은 자를 분리하는 구역이고, 이들을 영원히 헤어지게 만드는 공간이라는 점에서 (사랑 본능과 대척점에 있는) 죽음 본능(타나토스)의 자리이다. "아버지의 시신"은 가족들과 영원히 분리되어 "일반인 제한구역"으로 인도된다. 그 가깝고도 너무나 먼 공간에서 아버지는 남은 자들의 "부끄러움을 가려주느라 온몸 불태워 활활 웃으"신다. 이쪽도 따라 죽기 전에는 절대 가 닿을 수 없는 운명적 분리와 단절의 "저편"에서 아버지는 눈물처럼 "시종 흐르는 한 줄기 붉은 노을"처럼 당신의 몸을 태운다.

　― 괜찮다, 나는 괜찮다
　그녀의 단문은 진실 너머의 수사법

　역설법에 놀아난 우리의 죄목은 수수방관자다

　…(중략)…

　파킨슨과 맞서 저 먼 곳의 안부를 일방적으로 타진하는 그녀가 가방을 챙겨, 사나흘 창에 매달린 달팽이를 떼어 담으며

　― 너도 니 집으로 가야지

　할 말 다 못하고 가는 듯 움찔거리는 몸의 언어

숨겨진 진실 너머의 수사법

난해한 역설법에 우리는 끝까지 수수방관적 입장이다
—「방관자들」 부분

 "파킨슨" 병에 걸린 노모는 머지않아 자신이 죽을 것을 알면서도 "괜찮다, 나는 괜찮다"라는 말을 달고 산다. 그런 노모에 대한 애정과 무관하게 그런 운명을 대하는 시인의 코드 역시 "방관자들"의 그것일 수밖에 없다. 사회적 방관이 선택적인 것이라면, 운명적 방관은 불가피한 것이다. 노모가 때가 되어 세상을 뜨는 것은 당연한 일이지만, 시인은 그것조차도 그런 현실에 추호도 개입하지 못하는 주체들의 잘못으로 읽어낸다. 시인이라고 죽음의 필연성을 모를 리가 없다. 그러나 시인은 노모의 늙음과 죽음에 개입해서 그것을 되돌리지 못하는 것조차도 일종의 죄로 느낄 만큼 "수수방관적 입장"에 대하여 비판적이다. 이 정도면 천용희 시인은 지독한 사랑주의자가 아닐 수 없다. 시인은 실제로는 죽음("저 먼 곳의 안부")의 미래를 타진하면서도 "할 말 다 못하고 가는 듯 움찔거리는 몸의 언어"에 주목한다. 그것은 바로 어머니의 언어이며 "숨겨진 진실 너머의 수사법"이고 "난해한 역설법"의 언어이다. 달팽이에게 "너도 니 집으로 가야지"라고 말할 때, 어머니는 자신이 죽음으로써 마침내 돌아가야 할 '본향집'을 떠올리고 있는지도 모른다. 그러나 그것은 '난해한 역설법'이어서 '시적인 것'을 이해할 줄 모르는 사람은 도저히 이해할 수 없는 언어이다. 살아남을 자들은 어머니의 이 '진실 너머의 수사법'을 자신의 언어로 공유할 수 없으므로 어찌할 수 없는 '수수방관자'이다. 천융희 시인에겐 함께 할 수 없는 모든 것, 가닿을 수 없는 모든 것들이 잠재적 비극이다.

3

사회적 단절이든 운명적 결별이든 간에 천융희 시인이 가장 견디기 힘들어하는 것은, 침묵, 즉 말하지 못함, 비개입, 함구, 수수방관의 윤리이다. 지독한 사랑주의자인 천융희 시인은 「시인의 말」에서도 다음과 같이 말한다. "시여, 등짝을 후려쳐서라도 할 말은 하게 하라". 그렇다면 이 시집에서 천융희 시인이 그렇게 간절히 '할 말'은 무엇인가. 그것은 숨겨온 사적 경험의 고백도 아니며 거창한 정치적 주장도 아니다. 그것은 비개입과 함구와 수수방관과 침묵의 문명에 대한 고발이다. 천융희에겐 어떤 이유로든 타자에게 가닿지 않거나 못하는 것이야말로 팬데믹과 같은 재앙의 원인이며 개인적, 사회적 소외와 단절들의 이유이다. 타자의 얼굴을 외면할 때, 인간은 모두 멀리 떨어진 섬이 된다. 그리고 이 '멀리 떨어짐'이야말로 모든 비극과 재앙의 시작점이다.

나는 끝내 쓴 말을 뱉지 못하는 체질, 옆구리를 찔러도 오로지 나를 지키는 건 침묵

　　　어제의 계절이 구름 속에서 머뭇거릴 때

　　　그냥 쓴다 다 드러내지 못한 내가 겹겹이 쌓인 내가 어쩔 수 없는 내가

　　　굳게 다문 내 안에서 끝없이 나를 삼키는 중이다
　　　　　　　　　　　　　　　　　　　─「생물」 부분

　이 작품을 보면 천융희가 「시인의 말」에서 왜 등짝을 후려쳐서라도 할 말은 하게 하라고 하는지 충분히 이해가 간다. 시인은 "끝내 쓴 말을 뱉지 못하는" 것이 자신의 "체질"이라고 고백한다. 시인은 본인이 항상 그렇게 침묵의 주변에서 머뭇거리며 "그냥 쓴다"고 말한다. 그러므로 천융희의 시는 그렇게 "겹겹이 쌓인" 침묵의 주체가 자신의 말을 안으로 '삼키며 토해내는' 역설적 행위의 산물이다. 그리고 앞에서 살펴보았다시피 이 억누름, 침묵, 말 못 함, 비개입의 윤리는 시인 개인의 것이면서 동시에 사회적인 것이기도 하다. 사회적 침묵에 대한 천융희의 비판이 더욱 설득력이 있는 것은 그가 비판하는 대상이 곧 자신의 속성이기도 하다는 고백 때문이다. 천융희는 자신의 내부에서 절실히 느낀 문제틀(the problematic)로

세계를 본다. 이런 점에서 천융희는 이미 자신을 세계와 나란히 같은 궤도에 세우고 있다. 사실은 이런 자세야말로 이미 세계에 대하여 침묵하지 않는 자세이며, 입을 열고 개입하는 태도 아닌가.

    무슨 말인지 모를,
    무슨 말을 한 듯한

    요동치는 물결 속
    섬과 섬 사이를 쉴 틈 없이 견줄 때
    본색을 감춘 공중은
    목숨 줄 하나가 전부여서 매력적이오

    때론 허공 속에
    파동을 일으키는 고함이
    나를,
    내 슬픔이 무화되오

    세상은 친숙하나
    저항할 수 없는 고독이란 게
    우리를 슬프게 할 뿐이오

    한 번쯤 질러 보오

―「에지 워크Edge Walk」 부분

  개인적, 사회적 침묵의 힘은 워낙 완강해서 세상의 말들은 "무슨 말을 한 듯"하지만 "무슨 말인지 모를" 경우가 많다. 이리하여 고립된 섬과 섬 사이엔 잘 이어지지 않는 "허공"이 있고, 시인은 이 허공을 향해 "고함"을 질러 "파동"을 일으키라고 한다. 침묵을 깨고 타자에게 다가서는 태도만이 이 무한 고립의 상태들을 깨뜨릴 수 있기 때문이다. 타자에게 다가가는 '파동'은 침묵의 윤리에 갇혀 있는 "나"와 나의 "슬픔"을 무화시킨다. 여기에서 말하는 '무화'란 사라짐이 아니라 고립과 단절의 종결 상태를 가리킨다. 세상은 겉으로 보기에 만만할 정도로 "친숙"해 보이지만, "저항할 수 없는 고독"의 구멍들이 도처에 놓여 있다. 시인이 하는 일은 그럴수록 더 타자에게 가까이 가 "한 번쯤 질러 보"는 것이다.

  지금까지 살펴본 것처럼, 시인은 자신의 내부와 세계에서 고립, 단절, 침묵의 무수한 섬들을 만난다. 천융희 시인은 타고난 사랑주의자여서 이런 분리와 고립의 상태를 용납하지 못한다. 그렇다면 천융희는 왜 분리와 단절의 상태를 이렇게 견디지 못할까. 이 시집의 표제작인 「평일의 상담소」엔 다음과 같은 비밀(?)의 문장이 나온다. "애초 신의 바깥은 없다". 사실 '저항할 수 없는 고독'의 섬들에도 서로의 바깥만 있을 뿐, 이들의 모든 바깥은 '신의 내부'이다. 신의 질서 안에서 모든 섬은 친족들이다. 신은 자신의 피조물들이 서로 침묵하는 것을 원치 않는다. '신은 사랑이다'라는 말도 천융희 시인은 이렇게 넌지시 한다.

| **천융희** |

경남 진주 출생. 2011년 『시사사』로 등단. 시집 『스윙바이』, 디카시집 『파노라마』 디카시해설집 『디카시 아카이브』가 있다. 유등 작품상과 이병주국제문학 경남문인상을 수상했다. 현재 『시와경계』 및 『디카시』 부주간. 문덕수문학관 객원연구원. 경남정보대학교 디지털문예창작학과에 출강하고 있다.

이메일 : 1000sa5691@hanmail.net

현대시 기획선 145
평일의 상담소

초판 인쇄 · 2025년 11월 25일
초판 발행 · 2025년 11월 30일
지은이 · 천융희
펴낸이 · 이선희
펴낸곳 · 한국문연
서울 서대문구 증가로29길 12-27, 101호
출판등록 1988년 3월 3일 제3-188호
편집실 | 서울 서대문구 증가로31길 39, 202호
대표전화 302-2717 | 팩스 · 6442-6053
디지털 현대시 www.koreapoem.co.kr
이메일 koreapoem@hanmail.net

ⓒ 천융희 2025
ISBN 978-89-6104-410-3 03810

값 13,000원

* 이 시집은 경남문화예술진흥원의 지역문화예술육성 지원금을 보조받아 발간되었습니다.

* 잘못된 책은 바꾸어 드립니다.